늙은 제철소

늙은 제철소

신춘희 시조집

Sijo Poems by Shin chun hee

동학사

■ 시인의 말

당신에게 가려고, 당신에게 기어코 가서 깃들려고,
당신을 통과하면서 울었다.

2019년 봄
신춘희

늙은 제철소 신춘희 시조집

■시인의 말 5
■작품 해설 85

1

시조•11
댄스, 댄스•12
가르침•13
울기 위해 쓰는 시•14
늙은 제철소•15
봄, 짧다•16
청도•17
자유•18
찌르레기•19
화전花煎•20
알바트로스의 죽음•21
브루클린의 방•22
외로움•23
아름다운 안착•24
선배의 스웨터•25
달걀•26

2

부자父子•29
시로서 너에게 간다•30
주석註釋•31
거울 앞에서•32
등나무•33
고양이가 돌아왔다•34
독서•35
달항아리•36
파마•37
사춘기•38
부부•39
울산•40
블랙 스완•41
나는 시조 쓰는 사나이•42
김씨의 비망록•43
식탁•44

3

목탄화木炭畵 • 47
아내가 웃는다 • 48
정치 • 49
라면 • 50
구두 • 51
내일이라는 허구 • 52
구애求愛 • 53
무제치늪 • 54
울어서 애틋해져야 • 55
서 여사의 고백 • 56
한 말씀 흘리신다 • 57
물망초에게 • 58
소금 우화寓話 • 59
선물 • 60
슬픈 리얼리즘 • 61
연탄 • 62

4

귀뚜라미 • 65
태화강 하구에서 • 66
식사 • 67
햇살을, 읽는다 • 68
눈 내리는 해변 마을 • 69
이제야, 알겠다 • 70
러브레터 • 71
손을, 읽다 • 72
목탄木炭 데생 • 73
추석 우화 • 74
슬도瑟島 • 76
가난 • 77
못에 대한 소견 • 78
꽃잎을, 읽다 • 79
사이 • 80
쉬이! • 81
색소폰 소리에 • 82

1

시조

숨결이고 호흡이다

리듬이고 노래이다

운율이고 박동이다

솟음이고 펼침이다

직관의 파동이면서 시대의 눈사태다

댄스, 댄스

포즈가 좋아요, 아주 탄력 있어요

스텝은 싱싱하고, 육체는 잘 익었어요

땀들은 다발로 피고, 음악은 절정이네요

발끝과 바닥이 교감하는 지점에서

솟았다 꺼지는, 욕망의 피날레

호흡이 파국이네요, 근육도 지쳤어요

가르침

그가 손을 펼쳤다 천천히 뒤집는다

방금 나는 손등과 손바닥을 보았다

묻는다, 그가 나에게, 무엇을 보았는가

그가 잘 익은 사과를 보여준다

쫘악 하고 쪼개자 까만 씨가 보인다

묻는다, 그가 나에게, 무엇이 다른가

손과 사과에 세상 이치 다 있다

만물의 매 순간은 피었다가 시든다

그러니 삶을 돌보듯 죽음을 간병하라

울기 위해 쓰는 시

울기 위해 쓰는 시, 어떤 시일까요

그런 시를 쓰는 시인도 있데요

솔직히 그런 시 쓰기 어렵지 않나요

상처가 깊어야 슬픔이 고일 게고

슬픔이 고여야 울음이 넘칠 게고

그것을 언어로 퍼내야, 하는 거잖아요

과정이 두렵지만 시도하고 싶어요

슬픔의 발원지에 기쁨이 있으니까

인생을 울어본 사람이 정직은 하겠지요

늙은 제철소

-조춘만 사진집 『퓔클링엔-산업의 자연사』를 읽고

이미 오랜 전에 문을 닫은 제철소

그러나 죽지 않았다 시뻘겋게 살아 있다

녹으로 꽃을 피우며 초록을 압도한다

초록을 압도한다,

녹슨 파이프 사이

노동자의 힘줄 같은 건강한 풀꽃들이

퇴적된 식물 잔해를 뿌리로 품고 있다

따지고 보면 철 또한 자연의 일부이다

산업을 이끌면서 문명에 흡수되며

상처의 붉은 내력을 흙으로 전송한다

봄, 짧다

그대가 남기고 간 사랑의 노래는

불러도 슬프고, 들어도 슬프다

아아아, 꽃 피듯 슬프고, 꽃 지듯 슬프다

까닭 없이 목 메이고 눈시울 붉어지는

절절한 서러움, 꺾어짜는 창법에

중년이 허물어진다

장탄식에

봄, 짧다

청도

이 가지에서 저 가지로 새들 옮겨 앉듯
이 마음에서 저 마음으로 생각 건너가듯
감들도 초록을 지나 단풍으로 가는 갑다

하늘이 푸르러 감당하기 어려운 날
그리움은 어쩌자고 조바심을 들키는가
가을은 햇빛의 과즙, 눈물이 질펀한데

심란이 사방으로 풀씨처럼 흩어져도
실밥 이어주듯 애틋함은 놓지 말자
청도는 홍시의 고장, 단맛이 절정이다

자유

고층 건물 유리벽은 새들의 무덤이다

무모한 돌진의 충격 없는 형장이다

투명 창, 수직의 끝은 폐사체의 공동묘지

비상하고, 충돌하고, 추락하는 반복 속에

새들은 증언한다, 인간의 폭력성을

으깨진 두개골 속의

날개 꺾인 자유를

찌르레기

바야흐로 하늘에 들깨 씨가 뿌려진다

사랑에 목이 마른 점들의 빠른 율동

경쾌한 폴카에 맞춰 노을을 압도한다

우루루 솟구치다 곤두박질 치다가

버섯으로 피다가 회오리로 감기다

빠르게 대열을 정비, 고래로 헤엄친다

들깨 씨 싹이 트는, 수평의 검은 들녘

날개로 파도치는 수만의 억장들이

숨 쉬는 점들을 모아 하트를 완성한다

화전花煎

마음 화창하고 바람 달디 단 날

친구가 그리움 같은 화전을 부쳐낸다

먹어봐,

소월의 시야,

학창시절 맛보던,

알바트로스의 죽음

불멸에 들기 위해 플라스틱을 먹었다

그 플라스틱이 몸을 먹는 줄도 모르고

죽어도 눈 감을 수 없는

불편한 저 진실

영혼이 곁에서 사체를 지키고 있지만

그것은 새가 아니라 플라스틱 잔해다

시간이 흘러갈수록

부활하는 쓰레기

브루클린의 방

-에드워드 호퍼의 그림 앞에서

그대는 지금 무엇을 보고 있나

창문, 화병, 커튼, 그리고 베란다

사각의 방을 꽉 채운 불안을 보고 있지

서늘하고 외롭고 쓸쓸할 텐데

거실은 민지마, 풍요 속의 빈곤이야

숨죽인 사물들 속에 불화가 잠복해 있어

이따금 우울이 감정을 충동하지만

의자의 여자는 박제된 소품 같아

고립의 보색 대비가 부고처럼 슬프군

외로움

외로움은 불온하다, 죽음의 냄새가 난다

매일 담배 15개비, 피우는 것과 같다

저녁의 종착지에는 항상 벼랑이 있다

문제는 거기서 돌아서지 못하는 것이다

그냥 앞을 향해 나아가고 싶은 것이다

유혹이 이끄는 데로 허공을 걷는 것이다

아름다운 안착

나의 마지막을 처음처럼 살고 싶었다

가는 종소리처럼 오는 메아리처럼

적막에 깃들어 사는 숨결이고 싶었다

아니면 꽃잎에 스미는 이슬이거나

이슬에 스미는 초가을 햇살이거나

햇살에 스며서 노는 아이이고 싶었다

스미는 것은 얼마나 아름다운 안착인가

모태를 향해서 달려가는 본능이여

울컥이 너무 깊어서 나는 지금 늪이다

선배의 스웨터

바래진 보풀들이 스웨터에 피어 있다

서리 맞아 풀죽은 가을의 마음 같다

나목의 눈꽃들처럼 소름을 물고 있다

추운 바깥이 끓고 있는 커피포트

협곡의 물소리에 머그잔을 갖다 대면

소매의 곡선을 따라 김이 몽글 휘인다

오늘은 근심 밖에서 한담이나 하자며

커피 향 넉넉하게 주고받는 이심전심

정전기 짜릿을 타고 보풀꽃 물결친다

달걀

이 따스함, 이것은

신의 심장인가

가이없는 죽음도

깃들어 있어서

우주의, 혈관을 쥔 것 같다

신성하다

숨소리

2

부자父子

굽은 등 천천히

지하 계단 올라온다

그 뒤를 따르는 천진난만 어린 양

얼굴이 복사꽃이다

눈웃음 해학적이다

시로서 너에게 간다

처음이라, 처음이라서

쉽게 나서지 못했다

내 생애 처음이라서

고백하지도 못했다

수없이 망설이다가 시로서 너에게 간다

낱말의 조탁과 행간의 은유가

얼마나 두근거림을 품어 줄지는 알 수 없다

그래도 심정心情을 보낸다

파동을 감지하렴

주석註釋

후배 아버지가 심었다는 오동나무

가을이면 운다, 가야금 소리로

소리가 너무 맑아서 미물들 잠들 수 없다

죽음을 탄주하듯이 유서를 쓰듯이

손바닥 눈물을 뚝, 뚝, 떨군다

폐교된 서사초등학교

고령의 오동나무

거울 앞에서

가난하고 외롭고 병든 나날로 이어지는,

그러한 욕망은 철학 없는 거울이다

폐허에 버리고 싶은 실존의 파편이다

어떻게 살 것인가, 무엇을 위해 살 것인가

국화로 살 것인가, 난초로 살 것인가

춘희야,

슬픈 자아야,

그것이 문제로다

등나무

조금 더 가보자, 저기 저 하늘 길

호기심이 자꾸만 위험을 자극한다

가다가 여의치 않으면 돌아서 내려오자

날아오르는 학습에는 긴장이 에너지지만

꿈꾸지 못하면 이미 죽은 목숨이다

급할 일 조금도 없다

쉬다가 또, 갈거니까

고양이가 돌아왔다

방금 누군가가 어둠으로 진입한다

밤은 수렵으로 놓여진 징검다리

초록의 비린내들이 숲에는 질펀하다

몸에서 무게를 벗은 날렵함으로

발끝의 그림자가 달을 향해 점프한다

잡았다, 아니 놓쳤다, 공복에 여윈 하현

숲을 나서면 아우성이 사는 마을

등 푸른 생선 같은 사람을 사냥해서

따뜻한 심장 하나를 날로 꿀꺽 삼키리라

독서

활자를 눈으로 만나는 시간,

문장을 혀로서 굴리는 시간,

종이를 손끝으로부터 느끼는 시간

갈피의 사각거림을 귀로 듣는 시간,

향기의 부서짐을 코로 숨 쉬는 시간,

오감에 소름이 돋아 뇌를 자극하는 시간

마음과 몸이 벙그는 매 순간에

궁금은, 재미를 끝없이 확장하고

깨우친 지혜 하나를 겸허하게 품는다

달항아리

저기 저 하얀 표면이 품고 있는

고요라는 이름의 상처를 읽는다

그 위로 물결쳐 오는 순백의 무심까지

시간을 놓지 못한 곡선을 따라가다

상처가 주름 같은 균열을 만나서는

가만히 어루만지다 홀리듯 빠져든다

사라지는 것들의 궁극은 어디일까

소외된 얼룩에도 이유가 새겨 있어

시간이 품은 상처를 이슥토록 간호한다

파마

워매, 아줌씨, 뭔 머리가 요란테요

복자네 미장원서 폭탄 한방 맞았다

튀겨도 제대로 튀겼네!

참말로, 예술이제?

사춘기

윤동주의 서시처럼 고독을 앓았다

행복하기 위하여 태어났다 싶다가도

빚지며 살고 있다는 죄의식에 울었다

정작 두군 대는 사랑이 왔을 때도

한참을 초조해서 손바닥 비비다가

슬며시 눈치를 보며 보조를 맞추었다

성장은 허무의 즙을 먹고 크는 나무

별을 향한 좌절에 날개를 달아주며

강박의 기인 터널을 허겁지겁 통과했다

부부

'초록이 지쳐서 단풍 드는데' 카는 시 있제

요즘 들어 그 시가 새록새록 좋아지네

인생을 숙연케 해서 가슴이 찡허다

뭐라카노, 이 양반, 참말로 얄궂데이

그기 언제 쩍 시인데 지금 와서 끌린다 카노

정신에 치매 들것다 잠이나 푹 자소

울산

아버지의 뿌리는 울산 밖에 있었다

실향의 외로움을 노동으로 달랬다

원주민 처녀를 만나 가정을 이루었다

자식은 자라나 아버지를 품었다

메마른 가슴에서 타향을 이장하고

애향의 푸른 나무를 공들여서 심었다

고향을 세우는데 반세기를 보내고

가슴을 맞대는데 한 세대가 흘렀다

울산은 시민공화국, 연대의 뿌리다

블랙 스완

올백 머리, 검은 정장

순백은 거부한다

차이와 차별 사이에서 나는 독존이다

예외는 있을 수 없다 내가 세상의 중심이다

수치와 통계만 믿고 패턴을 주장 말라

흰색 무리 속에 단 한 컷의 블랙 전위

그것도 같음이 없다

그래서 나는, 나다

나는 시조 쓰는 사나이

80년대에서 90년대를 몸으로 관통했다

피리 '적笛' 자 하나는 가슴에 품었다

맨 살에 닿는 느낌의 그 감촉이 좋아서

말하는 데로 노래가 되고 적는 데로 시가 되는,

그리하여 그것이, 사회를 압도하는,

터지는 기타 줄 끝의, 청음이고 싶었다

때 '시時' 자를 신봉하라, 주술처럼 외우지만

나는야 변방에서 시조 쓰는 사나이

언어로 피리 불면서 시대를 횡단한다

김씨의 비망록

내 몸은 성체다, 10대부터 지금까지
건설 현장을 30년 이상 떠돌았다
허기는 떠나지 않았다, 몸에 기숙하면서

마흔 가까이 되어서 결혼은 포기했다
한 평 반 고시원, 기초생활수급자로
신문지 종이 밥상의 극빈을 사랑했다

이제는 가난이 질척여도 어쩔 수 없다
부모가 물려준 애틋한 유품 같아서
반려로 곁에 두고서 그의 생을 챙긴다

식탁

밥 한 공기,

김치 한 종지로

아침을 접견한다

이 순간,

식탁 앞에서

나는, 행복하다

가난과

검소한 하나님,

햇볕이 함께 하니

3

목탄화木炭畵

늦도록 식당 불을 켜놓고 있지만

테이블마다 손님 대신 웅크린 적막강산

흘러간 개그콘서트를 보며

주인은,

울고 있다

아내가 웃는다

"두 살만 더 젊게 살자"

어느 철학자의 말씀이다

감사와 걱정이 담긴 뼈 있는 잠언이다

신문을 가만히 접고 책상 앞에 앉는다

"두 살만 더 젊게 쓰자"

나의 신년 포부이다

붓을 세워서 결심을 종이에 옮긴다

벽에다 처억 붙였더니 아내가 웃는다

정치

당을 위해서 하남, 국민을 위해서 하지

증오의 정치 땜시 나라가 거덜 날 판이여

정치판, 희망 없어야 죄다 말짱 꽝이제

국회의원 300명 중에 눈 씻고 찾아봐

뼈 속까지 불량품이지 진품은 없어야

총선 때 반품 하자고, 죽어봐야 저승을 알제

라면

나를 울컥하게 한 것은 삼양라면이 아니야

봉지에 든 튀긴 면과 수프가 아니야

혀끝을 밀면서 오는 알싸한 그리움이야

옥탑방, 골방에서, 청춘들이 둘러앉아

후루룩 후루룩

허기를 물리치던 맛

아, 씨팔, 왜 자꾸 눈물이 나냐

그 향수, 그 뒤끝

구두

나는 싫다 주인이, 그의 무능력이
삽화처럼 처신하는 그의 비굴함이
모심의 집사 본능은 포기한지 오래다

야심도 야망도 패기도 없는 주인
그에게서 버려지는 그 날이 해방이다
궁상은 더 이상 싫다, 궁핍도 지긋하다

아니면 귀족처럼 품위를 회복하라
교양이 뚝뚝 흐르는 칼 같은 양복바지
그 아래 광채의 권위, 왕처럼 섬기고 싶다

내일이라는 허구

오늘보다 더 나은 내일이 있을 거라는
당신의 부추김을 나는 믿지 않는다
내일은 완벽한 허구, 예측할 수 없는 확률

그래도 당신은 내일에 목을 건다
지금 이 순간이 천금보다 귀한데도
오늘을 투기하듯이 내일에다 베팅한다

그러다 기대감이 속수무책 깨지면
흩어진 절망을 수습하며 울다가
다시금 내일을 위해 오늘을 몰빵한다

구애求愛

당신의 마음을 훔쳤으면 좋겠어요

쉽게 틈새를 내주지는 않겠지만요

그래도 스며들어서 당신을 흔들고 싶어요

까칠하지만 당신 정말 매력 있어요

게다가 로맨틱한 기질도 있잖아요

당신과 연애하면서 토닥거리고 싶어요

닭살 돋는 비음은 오글거려 싫어요

닭살 뜯는 실속파가 취향에 맞아요

그래도 밀당의 키는 내가 쥐고 갈게요

무제치늪

해마다 꽃 피고, 새들 날아와 울고

고라니 깃들어 적멸과 마주한다

슬며시 양산을 펴는 구름은 태평이다

시간이 발효돼 바닥은 촉촉하고

산소를 젖 빨기 하는 풀씨 같은 생물들

모두가 한 생이어서 경이롭고 귀하다

발소리가 멀수록 고요는 생기 돌고

원시의 새순 같은 숨소리는 화사하다

무제치, 평화의 거처, 별들의 보금자리

울어서 애틋해져야

처음에는 참말로 울 마음이 없었어야
어무이 죽음을 받아들이고 싶지 않았어
그란디 할매 말씀에 무너지고 말았제

사는 게 별거냐 울고 싶을 때 우는 거지
나는 니 인생이 애틋했으면 조컸다
울어야 슬픔도 결국은 니 가슴이 되는 거여
앞으로 문득문득 그 날과 만날 거구먼
결국엔 그것이 니 생을 인도할 거고
울어서 애틋해져야 사랑도 품을 수 있어

서 여사의 고백

솔직히 고백하자면 산다는 게 힘들다

결혼도 힘들고 이혼도 힘들다

비혼은 더더욱 힘들고

졸혼 역시 힘들다

그래도 바라는 것은 내가 나로 사는 것,

이름 석 자 불리며 어깨 펴고 사는 것,

누구의 아내와 엄마가 아닌

그 시원을 사는 것,

한 말씀 흘리신다

매사에 소극적인 후배 시인에게
선배가 넌지시 한 말씀 흘리신다
자네도 문학적으로 깊어질 때가 됐어

선배의 음성이 노을로 건너올 때
갑자기 눈 주위를 경련이 점령해서
사태를 수습하느라 잠시 눈을 감는다

가슴을 쓸어주고 호흡을 수습하며
내 시의 감성에는 무엇이 결핍일까
등굽은 시집을 펴다 서러워서 울었다

물망초에게

나를 잊지말라고 말씀을 하셨지만

그렇게 할 수 없어요 당신을 사랑하니까

당신의 마음 안쪽에 내가 깃들어 있으니까

어쩔 수 없어요, 물릴 수도 없어요

전 생을 파괴해서 겨우 얻은 당신

사연이 너무 깊어요

나를, 잊지 말아요

소금 우화寓話

그 친구 할아버지 마채 염전 염부였다

지게와 몸 하나로 가난을 극복하고

집안을 일으켜 세워 지방의 유지가 됐다

그 친구 아버지, 명문대를 나와서

평생을 백수로, 한량으로 살다가

이승을 하직할 무렵 집 한 채만 남겼다

그 친구 어머니, 집을 줄인 돈으로

우정동 시장 통에 좌판을 차리고,

가난을 졸업하려고 소금을 팔고 있다

선물

사제 간의 친밀감을 잠시 느끼고 있는데

신 선생!

하면서 스승이 찾으신다

한 다발, 진달래꽃이 파도처럼 출렁인다

가만히 바라보니 만화방창 풍경이다

그 풍경 다가와서 꽃사태로 무너진다

얼결에 받아들다가 중심 잃고 휘청한다

슬픈 리얼리즘

-어느 입양아의 노래

태생의 쪽지 한 장도 남기지 않은 채

그렇게 버려져 입양기관으로 옮겨졌다

미국의 백인 가정이 나를 잠시 품었다

그래도 대한민국, 모국이라 부르면서

지금은 네바다에서 불법 체류자로 살고 있다

지쳐도 안식은 없다, 시민권이 없어서

한국어도 못하고 영어도 서툰 인생

뿌리를 찾아왔으나 당혹만 깊어졌다

한국은 나에게 무언가

그 누가, 답해다오

연탄

"오늘이 힘들어도 내일에는 희망을"

연탄가게 아저씨가

붙여 놓은 표어다

그 속에 겨울 속의 봄

연탄처럼 피고 있다

4

귀뚜라미

그 여자 오늘도 첼로를 연주한다

누군가의 한 생이 창가에 와 머문다

깊은 밤, 내 작은 두 귀는

울음 강이 되었다

태화강 하구에서

썰물 진 해질녘, 노을빛 속에서
펼쳐졌다 지워지는 아우라를 보았다
살면서 그런 순간을
목도한 적 있었지

곡선의 갯벌을 따라 그림자와 걸을 때
갈밭 사이 황금비단, 눈부시되 쓸쓸하더라
이십대, 어느 한 시절
마음이 와서
울던 곳,

식사

외로운 사람끼리 음식을 먹다보면

그게 음식이 아니고 절절한 눈물이다

잡담에, 수저 짓까지 곡절曲折을 물고 있다

눈물과 콧물을 화장지로 찍어내며

땀 송송 흘리면서 치러내는 울음 밥상

눈물이 웃음에 밀려

눈시울, 환하다

햇살을, 읽는다

넉살 좋은 아저씨 같은,

그 아저씨 웃음 같은,

시월의 햇살이 담벼락에 모여 있다

막걸리 한잔 했는지 얼굴이 불콰하다

지나온 날들과 다가올 죽음 사이

쌓여 있는 적막을 바람이 빗질한다

뽀오얀 먼지 속에서 쿨럭이는 가랑잎

고추가 고샅에서 일광욕 즐기는 사이

애잔하고, 어리고, 아름다운 것들을

잠 속에 데려가려고 햇살은, 뒤척인다

눈 내리는 해변 마을

기러기 끼룩끼룩

까마귀 까악까악

창문에 그림자로 스미듯 우는 밤

별들이 실로폰 소리를 내며

바다를, 건너고 있다

마음 한편 띄었더니 달이 동봉되어 왔다

애절한 날들이 남긴 천사의 비망록

순백의 나래 짓으로

고슬고슬 내리고 있다

이제야, 알겠다

시보다 밥이다

밥이, 소중하다

살아 보니 알겠다, 시 보다 밥이다

아! 밥은 일상의 주식

시는, 영원한 부식

부처도 밥 먹고 살고, 예수도 밥 먹고 살고,

세상을 살려면 시보다 밥이다

명백한 진리 앞에서

나는, 지금

시를 쓴다

러브레터

그리워 쓰고는 멍하니 기다리는 것,

엎드려 울다가 다시 또 쓰는 것,

생각이 지칠 즈음에 생크림을 먹는 것,

갈증도 이런 갈증은 감당할 수 없어라

촉각을 곤두세우다 스러지는 언어여

생크림, 유두 위에다 딸기 한쪽 얹는다

손을, 읽다

그가, 잡은 손, 황급히 거두어 간다

가죽 뒤집어 쓴 뼈들의 앙상한 집

초겨울, 저녁 답 같아 마음이 스산하다

그 손, 초조한지 담배 피워 문다

바람에 휘어지는 허공의 하얀 근심

건널목, 붉은 신호등 가파르게 꺼진다

허겁지겁 건너는 고향의 불알친구

차가운 손에다 '신사임당' 쥐어 주고

하나도 묻지 않았다

전화도, 집도, 가족도

목탄木炭 데생

– 어느 시인의 방

인도산
사기 접시
폴란드제
머그잔
200자 원고지
클래식풍
몽블랑
고전의 지문을 새긴
마호가니
목책상

햇빛이 누비질한 오후 3시 유리창
파초의 실루엣이 부조처럼 박혀 있고
책장의 옛날 시집은
대추처럼
붉었다

추석 우화

공자만 읽다가
할아버지 가셨고

묵죽만 치다가
아버지도 가셨다

공자와 묵죽 사이에서 자식들은 자랐다

형은 채소 장수로
동생은 막일꾼으로

떠돌며 살다가
추석이라 모였다

어머니, 야윈 등선이 불빛 속에 슬펐다

정답이 없는 시간
힘들게 지나와서도

주고받는 말 속에는 가시가 박혀 있다

휘영청 달의 곡선을
언제쯤 깨달을까

슬도瑟島

아득한 수평선 푸른 건반 눌러 주고

스스로 노래가 되는 방어진 슬도 바다

파도의 하얀 포말이 해안가에 닿는다

슬도는 소란의 섬,

슬도는 바람의 섬,

슬픔, 기쁨, 외로움, 햇살로 포장해서

마을의 가장 자리로 전송을 반복한다

차르르 차르르 솨와 고래를 부르는 자갈들

자그락 자그락 수우 등대를 부르는 바위들

슬도는, 산조散調의 고향, 동해의 거문고다

가난

가난도 잘 키우면 부자가 될 거라며

엄마는 난전에서 바다를 팔았다

해지면 바다를 이고 가난에게 달려왔다

내가 자라고,

오빠는 분가하고,

세월만큼 엄마도 관절마다 병이 들고,

그래도 바다를 판다

가난에게 먹이려고

못에 대한 소견

벽에 못 친다는 것은 쇠와 못이 만나서

수직과 수평의 접점을 찾는 일

하나의 뿌리를 내려 심연이 되는 일

더러는 틈새를 소리로 채우고

그래도 비인 틈새는 고요로 봉해준다

꽃 같은 녹에 중독돼 폐를 앓는 시멘트

못은 알고 있다 불화가 숙명임을

아무리 치유해도 덧나는 그리움을

답답해 가슴 칠수록

심장이 우는 뜻을

꽃잎을, 읽다

꽃잎도 결국은 죽음에 닿는다

영혼은 하늘로, 육체는 땅으로

하르르 바람결 같은 무색의 전류를 타고

물결 하나 없는 우주의 검은 바다

메주콩 노란 불빛이 소름처럼 돋는다

꽃잎의 또 다른 이름, 별이라는 발광채

누구는 저 별을 신의 보석이라 하고,

누구는 나무의 눈물이라고 하지만,

시인은 빈자의 허기, 밥이라고 적는다

사이

삶과 죽음의 길, 멀리 있지 않다

꽃 피고 지는 사이,

새 울다 가는 사이,

아이가 할배 손잡고 사이를 건너고 있다

아득타, 아지랑이

초록도 나른한 봄날

사이, 저 너머에 고봉 같은 봉분 있다

가만히 물소리 끝에다 배를 대는

산그늘,

쉬이!

귀갓길, 그 소리, 어둠 속에서 들었다

오금이 저려오는 시원한 물소리

쉬흔이 지날 즈음에 헤어졌던 그 소리

전봇대 옆 그림자 슬며시 비켜간다

절정에서 내리꽂히는 직립의 폭포여

한때는 나도 저 야생의 주인인적 있었지

술 끊고, 담배 끊고, 이 것 저 것 다 끊고

아내와 각방 쓰고, 식탁에서나 만나는 삶

호기도 객기도 없어 재미없다, 내 인생

색소폰 소리에

풀잎이 젖는다

밤나무가 젖는다

어둠이 젖는다

달빛이 젖는다

지상의 집들이 젖는다

귀들이 젖는다

해설

어둠에 대한 통찰

–신춘희論

이우걸(시조시인)

1

문기文氣라는 것이 있다. 문장의 기세라는 뜻이다. 나는 이 말을 곧 잘 물에 비겨서 상상하곤 한다. 가령 바로 떨어지는 폭포수 같은 힘을 가진 물, 햇살을 받아 윤슬이 된 물, 호수처럼 원을 그리며 살필수록 그윽해지는 물, 또는 바닥을 보여주며 흐르는 개구쟁이 같은 물이 있다. 이런 다양한 현상을 시에서는 시풍이라고 할 수 있지 않을까. 좋은 시는 독자와 만날 때 자신의 매력을 극적으로 보여주고 독자는 그 극적인 감동과 만나며 행복에 젖는다. 감동의 파고가 높은 경우 전율을 느끼기까지 한다. 그리고 좋은 시를 확인하는데 필요한 시간은 그리 길지 않아도 된다. 두 세 편만 읽어보아도 알 수 있기 때문이다. 나는 십여 년 전에 그런 신춘희 시인의 시를 만난 적이 있다. 그는 폭포수 같은 문기文

氣를 보여주는 시인이다.

운문시대 해설을 하면서 바로 그런 경험을 했기 때문이다. 그러나 이번 시집의 경우 그때 보다 훨씬 많고 다양한 작품이어서 형언할 수 없는 울림을 받고 느낄 수 있었다. 그런 그의 시학을 설명하는 것이 부질없는 췌사 같기도 하고 또 내 능력 밖의 작업이 아닌가 하는 생각을 하면서 두렵고 행복한 마음으로 이 글을 쓴다.

2

신춘희의 시조시학을 순례하려면 다음 작품부터 읽을 필요가 있다.

이 따스함, 이것은
신의 심장인가

가이없는 죽음도
깃들어 있어서

우주의, 혈관을 쥔 것 같다
신성하다
숨소리

–「달걀」 전문

금방 낳은 달걀을 보며 이 작품은 무엇을 그리려고 했는가. 생명의 신성함, 보호본능이 느껴지는 연약함, 우주의 숨소리까지 들릴 듯한 깨끗하고 따스한 생명의 근원에 대한 경탄이다. 이런 감정들을 세련되게 노래한 이 작품은 어떤 기성시단의 클리쉐로부터도 벗어난 놀라운 표현의 산물이다. 아울러 이 작품은 단시조로 되어있다. 단시조는 시조의 본가다. 그러나 짧아서 쉽게 쓸 수 있다는 선입감은 착각이다. 너무 구조가 평이하면 맛이 없고, 너무 의도성이 강하면 자연스럽지 않아진다. 또 메시지가 없으면 왜 썼을까 싶어지기도 한다. 그래서 사람들은 단시조가 어렵다고 한다. 신 시인은 그것을 알기에 그의 능력을 단시조에서 먼저 보였다. 교과서처럼 반듯하다. 작품 「달걀」은 따라서 신춘희 시조의 출발이고 그의 크레디트카드다.

그의 시조세계의 세목들을 일별하기 위해 다음 작품으로 눈을 옮겨보자.

이미 오래 전에 문을 닫은 제철소
그러나 죽지 않았다 시뻘겋게 살아있다
녹으로 꽃을 피우며 초록을 압도한다
초록을 압도한다,
　　　　　　　　　　녹슨 파이프 사이
노동자의 힘줄 같은 건강한 풀꽃들이

퇴적된 식물 잔해를 뿌리로 품고 있다

따지고 보면 철 또한 자연의 일부이다
산업을 이끌면서 문명에 흡수되며
상처의 붉은 내력을 흙으로 전송한다

-「늙은 제철소」 전문

불멸에 들기 위해 플라스틱을 먹었다
그 플라스틱이 몸을 먹는 줄도 모르고
죽어도 눈 감을 수 없는
불편한 저 진실

영혼이 곁에서 사체를 지키고 있지만
그것은 새가 아니라 플라스틱 잔해다
시간이 흘러갈수록
부활하는 쓰레기

-「알바트로스의 죽음」 전문

앞에 인용한 두 편은 인간이 저지른 환경파괴 행위에 대한 고발장 같은 작품이다. 먼저 「늙은 제철소」부터 살펴보자. 이 시조에는 조춘만 사진집이 부제로 붙어있다. 그 사진집은 '산업의 자연사'라는 이름이 붙은 생태환경과 관련된 사진집인 듯하다. 내용은 제철소는 이미 문을 닫았고 남은

폐기물은 그대로 남아서 녹이 시뻘겋게 살아서 초록의 야생풀과 뒤엉키어 있는 모습을 그리고 있다. 「알바트로스의 죽음」은 국제보호조 알바트로스가 2년에 알 하나를 낳아 부화하여 새끼를 키우는 큰 새인데 바다에 흘러드는 플라스틱을 먹이로 알고 새끼에게 주어 결국 새끼를 죽이는 사실을 통해 환경공해의 심각성을 담아내고 있는 시조다.

어느 감독의 도움으로 다큐멘터리 영화로 제작되어 우리나라에서도 상영되어 환경공해의 폐해가 얼마나 심각한지에 대해 경종을 울린 바 있다. 그러나 아직 시조시단에서 이런 소재로 작품을 발표한 시인은 없었다. 이 두 작품은 현실의 문제를 다루면서도 긴장감을 자아내는 탄력있는 표현에 힘입어 시조의 미학적 묘미와 소재 확장에 기여하고 있다. '상처의 붉은 내력을 흙으로 전송한다'나 '불멸에 들기 위해 플라스틱을 먹었다' 같은 절구들이 메시지를 미학적인 영역에 도달하게 하기 때문이다.

리얼리즘적 시각으로 구성된 다음 두 편을 주목할 필요가 있다.

> 태생의 쪽지 한 장도 남기지 않은 채
> 그렇게 버려져 입양기관으로 옮겨졌다
> 미국의 백인 가정이 나를 잠시 품었다

그래도 대한민국, 모국이라 부르면서
지금은 네바다에서 불법 체류자로 살고 있다
지쳐도 안식은 없다, 시민권이 없어서

한국어도 못하고 영어도 서툰 인생
뿌리를 찾아왔으나 당혹만 깊어졌다
한국은 나에게 무엇인가
그 누가, 답해다오

-「슬픈 리얼리즘」 전문

내 몸은 성채다, 10대부터 지금까지
건설 현장을 30년 이상 떠돌았다
허기는 떠나지 않았다, 몸에 기숙하면서

마흔 가까이 되어서 결혼은 포기했다
한 평 반 고시원, 기초생활수급자로
신문지 종이 밥상의 극빈을 사랑했다

이제는 가난이 질척여도 어쩔 수 없다
부모가 물려준 애틋한 유품 같아서
반려로 곁에 두고서 그의 생을 챙긴다

-「김씨의 비망록」 전문

두 편 모두 기구한 개인의 삶을 자서전적으로 그려내어 우리 시대 삶의 고통과 수난을 환기 시켜주고 있다. 「슬픈 리얼리즘」은 '어느 입양자의 노래'란 부제를 달아놓았다. 사실 이 부제는 안 달아도 좋을 것 같다. 작품 안에 다 담겨져 있기 때문이다. 정체성 없이 떠도는 이런 입양자의 고통은 이 땅에 살고 있는 우리들에게도 책임을 느끼게 하는 비극의 하나다. 「김씨의 비망록」의 경우도 흔히 신문이나 TV에서 자주 직면하는 기사 같지만 경제 대국 대한민국이 고민하고 살펴야할 아픈 과제들이다.

신 시인은 이런 소재들을 가감 없이 사실적으로 노래한다. 그러면서도 산문이 아니라 시가 되게 하는 시문장의 마력을 잘 살리고 있다. 이런 경향의 시가 감동을 얻기 위해 가장 중요한 것은 과장이 없어야 하고 표현이 절제되어 있어야 한다. 사실과 다르게 극화시킨 경우나 너무 수사가 다변스런 경우 오히려 역효과를 가져온다. 그런 면에서 인용한 작품들은 성공하고 있다.

현실을 드러내고 폭로하며 당대를 사는 우리 스스로에게 질문하는 작품들을 앞서 몇 편에서 보았지만 현대성에 대한 깊은 고뇌도 이 시집 곳곳에서 보여주려고 노력하고 있다.

그대는 지금 무엇을 보고 있나
창문, 화병, 커튼, 그리고 베란다
사각의 방을 꽉 채운 불안을 보고 있지
서늘하고 외롭고 쓸쓸할 텐데
거실은 믿지마, 풍요 속의 빈곤이야
숨죽인 사물들 속에 불화가 잠복해 있어

이따금 우울이 감정을 충동하지만
의자의 여자는 박제된 소품 같아
고립의 보색 대비가 부고처럼 슬프군

–「브루클린의 방」 전문

나의 마지막을 처음처럼 살고 싶었다
가는 종소리처럼 오는 메아리처럼
적막에 깃들어 사는 숨결이고 싶었다
아니면 꽃잎에 스미는 이슬이거나
이슬에 스미는 초가을 햇살이거나
햇살에 스며서 노는 아이이고 싶었다
스미는 것은 얼마나 아름다운 안착인가
모태를 향해서 달려가는 본능이여
울컥이 너무 깊어서 나는 지금 늪이다

–「아름다운 안착」 전문

고독한 현대인의 모습을 노래하고 있다. 작품 「브루클린의 방」은 에드워드 호퍼의 그림 제목이다. 그래서 '에드워드 호퍼의 그림 앞에서'라는 부제를 붙여놓았다. 에드워드 호퍼는 신사실주의 미술에 영향을 끼친 20세기 미국의 거장 화가라고 할 수 있다. 그리고 「밤샘하는 사람들」이나 「아침의 태양」 등을 그리며 도시민의 고독이나 우울을 표현하곤 했다. 이 시조는 그가 제목으로 내세운 그림을 세밀하게 해석하고 있다. 초라하지 않은 방의 풍경이지만 여자는 뒷모습만 보이고 창의 푸른색은 어쩐지 갇혀있는 듯하고 분위기는 축 늘어져 있다. 어쩌면 어떤 물질적 조건 속에서도 인간이 인간으로 살아갈 자유가 확보되지 않는 한 인간의 세상은 사막과 같다는 의미일 것이다. 그런 의미를 시화시켜 놓았다. 특히 '고립의 보색 대비가 부고처럼 슬프'다는 구절은 절창으로 읽혀진다.

고독을 느낀다거나 우울하다는 것은 한 개인의 마음이 풍선처럼 떠 있다는 것이다. 그런 상태에서 '안착'은 아름다운 이상일 것이다. 「아름다운 안착」이란 그런 상태를 희구하는 시인의 꿈의 노래일 것이다. 안착이란 스미는 것이다. 자연스럽게 친화의 분위기를 만들 수 있을 때 가능한 상태인 것이다. 차라리 원초적인 상태로 돌아가고 싶은 퍼스나의 '모태를 향해 달려가는 본능'은 현재가 얼마나 깊은 늪인가를 증명해 주는 표현이다. 이런 오늘의 상태를 노래하는 이 시인의 작품들이 호소력을 가질 수 있는 원동력이 진정성

있는 현실 묘사에 기인하는 것이라고 할 수 있지만 이런 메시지를 시로 읽히게 하는 데는 서정성이 더 큰 역할을 하고 있다고 말할 수 있다.

후배 아버지가 심었다는 오동나무
가을이면 운다, 가야금 소리로
소리가 너무 맑아서 미물들 잠들 수 없다

죽음을 탄주하듯이 유서를 쓰듯이

손바닥 눈물을 뚝, 뚝, 떨군다

폐교된 서사 초등학교
고령의 오동나무

–「주석 註釋」 전문

조금 더 가보자, 저기 서 하늘 실
호기심이 자꾸만 위험을 자극한다
가다가 여의치 않으면 돌아서 내려오자

날아오르는 학습에는 긴장이 에너지지만
꿈꾸지 못하면 이미 죽은 목숨이다
급할 일 조금도 없다

쉬다가 또, 갈거니까

-「등나무」 전문

두 편 다 서정성이 뛰어난 작품이다. 물론 서정성만 뛰어난 것은 아니다. 이 시인은 어느 시편에서도 자신의 인생철학을 강고한 톤으로 넣어서 독자를 압도하곤 한다. 우선 「주석註釋」을 보자. 일반적으로 오동나무를 노래할 때의 연상되는 뻔 한 상상과 다르다. 퇴락한 농촌과 닫힌 초등학교, 이별의 감정을 고조시키는 가을, 잎이 넓은 오동나무의 소리 그리고 유서로 이어져서 비가의 극에 달해 있다. 그런데 왜 과장으로 느껴지지 않고 공감을 느끼는가? 거짓 아닌 현실이기 때문이다. 이런 이미지의 고향을 한국 사람들 대부분이 가지고 있기 때문이다. 이러한 그림을 슬픔의 음계에 닿게 하는 섬세한 관찰과 묘사가 우리의 마음을 흔들기 때문이다. 바로 이 시인이 연주해내는 서정성의 바탕이 이것이다. 그리고 제목만 보더라도 얼마나 의외의 발상인가. 무심한 듯 던져놓은 이 하나의 트릭이 신 시인의 수준이다.

「등나무」로 눈을 돌려도 마찬가지다. 끊임없이 기어오르는 등나무가 우리 삶의 가파름과 꿈을 생각하게 한다. 이 작은 한편의 시조는 읽는 이의 생을 성찰하게 하는 울림을 가지고 있다. 그리고 표현에 어떤 과격함도 없다. 등나무는 그 등나무에서 나 자신이거나 내가 믿는 이웃이거나 그 어떤 인생으로 확대된다. 시란 그런 것이다. 생각을 길어 올리는 샘물이 시인 것이다. 이런 시조에서 서정성이 제 몫을 하지 못하면 설명이거나 교훈이란 어처구니없는 넋두리로 전락하고 말 것이다.

신춘희 시인이 리얼리즘적 안목으로 시를 쓴다고 해서 모든 현장을 기록하고 그 기록을 시로 전환하는 시인은 아니다. 그는 끊임없이 실험한다. 그 증거로 몇 편을 들고 싶다.

워매, 아줌씨, 뭔 머리가 요란테요

복자네 미장원서 폭탄 한방 맞았다

튀겨도 제대로 튀겼네!

참말로, 예술이제?

-「파마」 전문

당을 위해서 하남, 국민을 위해서 하지
증오의 정치 땜시 나라가 거덜날 판이여
정치판, 희망 없어야 죄다 말짱 꽝이제

국회의원 300명 중에 눈 씻고 찾아봐
뼈 속까지 불량품이지 진품은 없어야

총선 때 반품 하자고, 죽어봐야 저승을 알제

–「정치」 전문

나를 울컥하게 한 것은 삼양라면이 아니야
봉지에 든 튀긴 면과 수프가 아니야
혀끝을 밀면서 오는 알싸한 그리움이야

옥탑방, 골방에서 청춘들이 둘러 앉아
후루룩 후루룩
허기를 물리치던 맛

아, 씨팔, 왜 자꾸 눈물이 나냐
그 향수, 그 뒤끝

–「라면」 전문

활자를 눈으로 만나는 시간,
문장을 혀로서 굴리는 시간,
종이를 손끝으로부터 느끼는 시간,
갈피의 사각거림을 귀로 듣는 시간,
향기의 부서짐을 코로 숨쉬는 시간,
오감에 소름이 돋아 뇌를 자극하는 시간

마음과 몸이 벙그는 매 순간에

궁금은, 재미를 끝없이 확장하고

깨우친 지혜 하나를 겸허하게 품는다

-「독서」 전문

「파마」에서는 민초들의 소박한 유머를 인용한 사투리로 한편의 작품을 완성하고 있다는 점에서, 「정치」에서는 사투리의 활용과 정치라는 날 것의 소재를 직접 시조에 도입하고 있는 점에서, 「라면」에서는 비속어를 작품에 불편하지 않게 잘 활용하고 있다는 점에서, 「독서」에서는 형식의 활용면에서 새로운 도전을 하고 있다는 점에서 인용해 본 것이다. 그는 쉬지 않고 고민하면서 어떤 금기와도 싸우면서 현대문학으로서 시조의 영역을 넓히는 데 골몰하고 있다. 이러한 실험정신이야 말로 시조시단을 살아있는 문학의 장임을 증명하는 의미 있는 노력이 아닐 수 없다.

3

이제 나는 신춘희 시인의 시집 읽기를 그치고 정리하려 한다. 앞서 말한 바와 같이 몇 편의 시를 읽으면 그 시인의 역량을 금방 알 수 있기 때문에 나의 이런 글이 그의 시조를 소개하는 데 별 도움을 줄 수 없으리라 생각한다. 그럼에도 불구하고 그가 우리 시조시단의 소중한 시재임을 거듭 강조하고 싶다. 소재나 주제면에서, 시조를 창작하는 태도면에서, 기법면에서, 그리고 시정신 면에서 그는 훌륭한 시인이다. 얼른 읽어보면 그가 기층민중의 정서를 대변하는 듯 하지만 그는 어느 계급에 국한된 시를 쓰지 않는다. 다만 빛보다는 어둠의 편에 더 애정을 가지고 있다는 것은 사실이다. 그는 리얼리스트로 보이지만 표현면에서는 대단히 모던하다. 그는 정해진 틀 안에서 문학을 하지 않았기 때문에 가장 효과적인 시조미학을 창조해낼 수 있는 시인이다. 신춘문예에서 시와 시조와 동시 당선의 경력이 있는 것만 보아도 운문미학에 대한 오랜 공정을 짐작할 수 있다. 그의 그런 재능이 이번 시집 출간을 계기로 해서 널리 알려지고 그에 상응하는 독자의 호응을 받아 창작에 큰 격려가 되었으면 한다.

늙은 제철소

지은이 · 신춘희
펴낸이 · 유재영
펴낸곳 · 주식회사 동학사

1판 1쇄 · 2019년 5월 27일
출판등록 · 1987년 11월 27일 제10-149

주소 · 04083 서울 마포구 토정로53 (합정동)
전화 · 324-6130, 324-6131 | 팩스 · 324-6135
E-메일 | dhsbook@hanmail.net
홈페이지 | www.donghaksa.co.kr
www.green-home.co.kr

ISBN 978-89-7190-637-8 03810